子どもの心の育てかた

佐々木正美
児童精神科医

河出書房新社

子どもの心の育てかた

はじめに

大学病院の児童精神科や小児科のほか、子どもの福祉施設や地域医療福祉施設で、50年余り働いてきました。

児童青年家族の精神医学の臨床に携わる者として、小さな彼ら彼女たちに、元気につつがない毎日が与えられることを祈りながら、その日々を見送ることを生業にしてきました。子どもたちが、健康で幸福に、大きくなっていってほしいという気持ちを、いつも心のうちに抱きながら、長い歳月を生きてきました。街角や電車のなかで出会う見知らぬお子さんを見ても、そういう思いが一人ひとりに向かいます。

子どもは大人、または社会をそのまま映し出している鏡です。

今を生きる子どもたちは、制限ばかり加えられて、自由な気持ちの発散がないように見えることがあります。誰も子どもの言い分などに、心から耳を傾ける人がいなくなってしまう時代が、もうすぐ目の前にやってきてしまうように感じることがあります。

しかし、子ども、家庭、育児、保育をめぐる環境は、時代とともに随分変化はしていても、私が児童精神科医としての人生を始めた日から現在まで、変わらない真実があります。

子どもの成長や発達について考える中核的なことになると、「そのことは、時代が変わっても、決して変わるものではない」と考えている大切なことがあります。

本書では、それらの「いつまでも変わらない大切なこと」をもっとも大切にしながら、一部に時代の推移とともに新たに思いついたことを加えました。

子どもとともに生きるすべての方がたが、長くて短い育児の期間、乳幼児期から思春期まで、いつどこからお読みいただいてもいいように、と願いながら綴りました。子どもの成長のあらゆる季節に、そっとお手元に置いていただけましたら幸いです。

お母さん、お父さん。

どうぞ子どもを甘やかすことを決して恐れず厭わず、一生懸命にかわいがって育ててあげてください。いい子にしているときにかわいがるのではなく、どんなときにも愛してあげてください。

子どもは愛されることで、いい子になるのです。

この小著が、お母さんやお父さんの日々の暮らしや子育てに、少しでもお役に立って、お子さんの幸せにつながっていくことを、心の底から祈っています。

子どもの心の育てかた　目次

教育も建築物も、一番大切なのは土台です。そして、一番やり直しがしにくい部分です。

「人格」を英語でいうとパーソナリティです。パーソナリティという言葉は「個人」を意味するパーソンと同じ語源を持ち、その人固有の人間としてのあり方のようなことを意味するといっていいと思います。

「性格」は、英語ではキャラクター。人それぞれの「色合い」のような意味で、「人格」のほうは、もっと根源的な個人に固有な人間形成そのものをさします。人間形成というのは、一生涯かかってつくっていくものです。

人格を建築物にたとえてみましょう。

建築物を建てるときにまず必要なのは、コンクリートの基礎、土台です。そこに柱を立て、床を張って屋根をふき、周囲の壁を塗って、カーペットを敷き、家具を入れて完成としましょう。人格形成もまた、建築物と同じことです。

どちらの場合でも、もっとも大切なのが土台です。床や壁など、土台のあとから手を加えていったものはいくらでもやり直しがききますし、やり直しも簡単です。家具の入れ替えなど実に簡単です。

建築物の「やり直しのきく部分」は、教育でいうと大学にあたります。大学教育というのは、教育の課程の後半のほうで経験するものです。あとのほうになるほどやり直しは簡単で、人によっては二つも三つも別の大学に入り直したり、卒業したりするくらいです。

ところが、高校、中学、小学校とさかのぼっていくほど、やり直しはしにくくなります。できないことはないですが、前にいくほど難しくなるというわけです。

良い建築物になるか、不安定な建築物になるかは、土台で決まります。

人格も、いい人格になるか不安定で危うい人格になるか、その基本はやっぱりコンクリートの土台をつくる時期にかかっているのだと思います。あとから訂正がきかないことはないけれど、基礎工事の手抜きや失敗を修理、修正するのは建築物と同様非常に難しい。

健全な人格形成のためにはどうしても早い時期の養育が大切になります。

いつまでが大切で、あとは大切ではない、ということはいえませんが、乳幼児期の早期、つまり1〜3歳はきわめて重要だろうと考えています。「三つ子の魂百までも」という先人の言葉は、深い真実を含んでいると思います。

人格形成は生きているかぎりつづきますが、その土台になるのがやはり3歳ぐらいまでです。幼稚園に通うよりももっと以前の段階ということですね。つまり土台をつくる上で大切なのは、家庭ということになります。人格の土台づくりは家庭でやるべきです。家庭にこそ個別性があるのですから。

保育園や幼稚園、小学校が教えてくれること、与えてくれることに家庭ほどの「個別性」はありません。スクールカラーのようなものはあるでしょうが、その程度のことです。もっとも大事な個別性、パーソナルな部分については家庭の役割がもっとも大きいのです。

保育園や幼稚園は、家庭でつくった土台の上に、ゆっくり柱を立て、床を張ってくれるところ、というふうに考えてみてください。

小学校で壁をつくってもらって、中学校で屋根をふき、高校でインテリアを整える、という感じでしょうか。

大学や大学院なんか、人間の人格にとっては家具や外装の仕上げ程度の意味しかもちません。見た目は華やかになりますが、いつだってやり直しができる。

大事なところは乳幼児期なのだ、ということは忘れないでくださいね。

トイレトレーニングなどは、叱りすぎも、ほめすぎも、どちらも子どもの自律を妨げることにつながります。

子どもの発育の時期と順序を非常に画期的な形で分類・整理をしたのがH・エリクソンです。生まれてから12ヶ月から18ヶ月ぐらいまでの乳児期を「絶対依存の時期」とし、その時期に赤ちゃんの心には周囲の世界に対する信頼の感情という大事なものの基礎が刻まれます。その信頼感が自信や自律心につながりますから、重要な時期です。

それにつづく2〜3歳の時期、広く見れば1〜3歳の間と考えてもいいと思いますが、この段階は身体の筋肉なども発達し、排泄などの習慣も身につく時期です。ですからこのころに子どもは、自分の衝動や感情を律する自律心を学びます。

トイレトレーニングの時期に重なるわけですが、この時期に子どもは自分の行為に対して叱られるなど否定的な「悪い思い」を過度に経験すると、自分の存在そのものを「恥」とする感覚、自分の存在価値に対する疑惑の感情が生まれてくるといわれます。つまり、トイレトレーニングにはかぎらないのですが、失敗したときに「とても親がいやな顔をした」「悪いことだと厳しく叱られた」「不潔でよくないことだと何度も言われた」といったことです。非常に厳しいしつけによって身につけたものというのは、見せかけの、即ち「偽りの前進」をさせることになります。トイレトレーニングでいうなら、本来、トイレで排泄するのは「気持ちがよく快適なことだから」ですが、それを知る前に、親のほめ言葉がほしくてできるようになってしまう、ということです。こうした「偽りの前進」を知った子どもは、その後、指しゃぶりなどの行動が現れることがあり、敵意や攻撃性の感情を内向させていくことがあります。

問題が顕在化するまでは、とてもおとなしく従順ないい子であることが多いのですが、ある段階で登校拒否、拒食などの形で出てくることもあると考えられるのです。どうか、子どもがおむつや下着を汚しても「いやねえ」「だめねえ」「汚い！」と顔をしかめて叱らないでほしいのです。

排泄にかぎらず、自分の意志と選択でものごとを決定できるように、上手に援助されて育った子どもは、自分の住む世界、あるいは自分自身に対してよい感覚、善の感覚をもちます。いわゆる、自律や自立の態度、あるいは健全な自負心といったものの基礎を身につけることができるのです。

注意しなければいけないのは、うまくいったときにほめすぎるのもよくありません。なぜかというと、「ほめすぎ」というのは、失敗したときは親がどんなに失望するのか、を教えているようなものだからです。トイレトレーニングについていうなら、うまくやれるようになるのは、早い遅いはあってもごくあたりまえのことですから、一度できたからといって、極端にほめすぎるのはむしろよくないことです。知らん顔をすることはありませんが、ごくふつうにほめてあげてください。

この時期は、将来、二者択一を迫られるような人生の岐路に立たされたとき、自ら決断するための力の基礎が育つときです。トイレトレーニングに代表されるように、それまでは汚いともなんとも思わなかった自分の排泄物を、トイレに行って捨ててしまう、ということが、「なるほど気持ちのいいことだ」と自分でわかることも、そのひとつです。ここで、無理な強制や、極端なほめ言葉で誘導することは、健全な自律心、そして自立性そのものを妨げることにもつながることがあります。

「叱られてもすぐに忘れる」「失敗しても同じことを繰り返す」これは、幼児期の子どもの大きな長所です。

3歳の終わりごろ、トイレトレーニングもだいたい終わった、というころから、子どもたちは非常に活発に活動するようになります。生き生きとした好奇心にあふれた探索活動を開始し、親としてはケガをしないか、迷子にならないかと心配でしかたがありませんが、いっぽうでたのもしくも感じることができる時期といえるでしょう。乳児期の「周囲への絶対的な依存時期」、そして自律への芽が出る時期を経て、はじめてこの活発な時期をむかえることができます。自発性をもった豊かな感性を秘めた子になるか、なにかしら罪悪感のようなものを抱いた子になるかは、だいたいこの時期がひとつの分岐点となります。十分な依存経験を経て、その後自律心が育ってきた子どもは、3歳の終わりからは、「自発性」を思う存分発揮できるステップへと進んでいくことができます。

生まれてすぐから1歳〜1歳半ぐらいに、周囲の人間に対する基本的信頼感を身につけ、それにつづく3歳すぎまでの時期に自律心を身につけるということですが、ときに、自律心を身につけるべき時期に、自分自身に対する「恥」や「疑惑」の感覚が心のなかに根ざしてしまう場合もあります。自分の行為がなにか恥ずかしいことだと思ったり、自分には価値がないのではという疑いの気持ちです。これ以前の時期から、子どもに早くから「自律心」や「主体性」を身につけさせようとして、厳しくしつけをしたり、泣いてもあえて抱かなかったり、ということをするのは間違いです。むしろ、これはまったく逆の効果をもたらすことを知っておいてください。子どもの発達に「飛び級」はありません。どんな子どもも必要なステップを飛ばして健康、健全に育っていくことはできないのです。

子どもの求めになんでも応じる、つまり「泣いたら飛んでいって抱く」といったことをできるかぎり繰り返すことで子どもは自他に対して「絶対的な信頼感」を知ります。それがなければ「自律心」は育ちません。そして「自律」がなければ自発性、主体性も生まれないのです。

活発に活動を始めたなら、それを無理に制限しないでおいてください。行動範囲は公園、友だちの家、少し離れた隣町とどんどん拡がりますが、そうなっていかなければおかしいのです。「疲れを知らない子どものように」という歌詞がありますが、これはまさにこの時期の子どものことです。危険がないかぎり、その活動範囲を拡げてあげてください。

ありあまるエネルギーを無駄遣いするかのように見える時期ですが、そういうものなのです。意味もなく走りだし、小高い場所があれば必ず上る、階段と見れば用もないのにやたらに駆け上る、そして駆け下りる、捨て猫は拾ってくる、知らない家のブザーまで鳴らして走って逃げる、と手のつけようがなくなっていきますが、それでいいのです。

そしてもうひとつの大きな特徴は「叱られても失敗しても、すぐそれを忘れる」という「長所」をもっていることです。これは素晴らしい長所です。「いくら叱っても同じことをする」「翌日にはケロッとしている」と嘆くことはありません。それは、その子がなによりも健康に育っている証拠なのです。

幼児期の子は身体を動かすことでものを考えています。身体を動かさないと知恵もつきません。飛び降りることで高さの概念を知り、物を投げたり持ち上げることで重さ、硬さを理解する。転んだりぶつかったりして痛さも知ります。小さな失敗の繰り返しで「とりかえしのつかない失敗」は避けられるようになるのです。

失敗や叱られたことを「忘れる力」があるから、小さい失敗を繰り返すことができます。

日常的に常に叱られつづけ、行動範囲を親に制限され、強い指示や命令を受けていると、子どもは叱られたことや失敗を忘れることができなくなってしまいます。そして萎縮して、意欲や自信のない子になっていきます。

子どもの反抗は、喜ぶべきものです。「だって」が始まったら、「やっと来たか」と、その後の成長を楽しみにしながら接しましょう。

一度いったこと、叱ったことをけっして忘れず、ずっとそれを守っている子どもがいたら、これはとんでもないことで、ほとんど心の病気の状態です。

子どもはそうしたことを片っ端から忘れることで、失敗を繰り返し、学ぶものだからです。

たとえば家にお客さまがきたとき、「きちんとご挨拶をしなさい」と親は子どもにいいますが、一度でそれを身につけて、次のお客さまがあったときは、自分から出てきてきちんと挨拶できる子どもなど、普通ありません。ほぼすべての子どもは、毎回、「ほら、きちんとご挨拶しなさい」といわれなければ、挨拶などしません。これが健康な状態です。親のお客さんに挨拶したい、などという子どもは普通おりません。いるはずがないのです。自発的に挨拶できるようになるのは、思春期以降のことで、その時期になって挨拶ができなければ、それも大きな問題ですが、幼児期にきちんと挨拶できたら、こっちもかなり大きな問題です。

親は、この部分を間違えないでおきたいものです。

大きくなってから身につけるべきことが、小さいときからできるようになっていると「とてもいい子」と見間違ってしまいますが、小さいときには小さい時期のありようというものがあるのですから、そこをきちんと見ておかなければなりません。

好奇心うずまくエネルギーのかたまりを、3歳ごろからの子どもは身体の内部にかかえ、そのエネルギーがいつも活発に活動しているのです。

それを見守る側は、ただ黙って見ていさえすればいいというわけにはいかないでしょう。やっぱり、ときには「それは危険だからいけない」「ほかの人の迷惑になるからいけない」など、適度に叱り、注意しなければなりません。

けれども、そのときはすぐに忘れられるような叱り方をするのがいいのです。なかなかむずかしいことかもしれませんが、子どもの心にぐさっと刺さるような、次の行動をおどおどしながらしかできなくしてしまうような叱り方はいけません。

もっと別の言葉でいうならば、子どもの自尊心を傷つけるような叱り方というのがいけないのです。3歳の子どもであっても、子どものプライドを傷つけるような叱り方は、できるかぎりしてはなりません。

子どもが自発的になるということは、反抗的になるということでもあります。親は、子どものはじめての反抗に驚き、「前はもっといい子だったのに」などと心配するかもしれませんが、反抗しないほうがずっと心配です。反抗的になれるということは、自発性がきちんと育っていることですから、大喜びしていいくらいなのです。反抗が終われば、必ず主体性のある人格の成熟が見られます。成熟の前の嵐は大きいほど、飛躍的な成長が待っている、と考えてください。

もちろん子どもの理不尽な反抗に迎合し、手をこまねいて見ている、ということではなく、叱るべきものは叱らなくてはなりませんが、叱りながらも「今は反抗的だけれど、あとの成長が楽しみだな」というぐらいの、ゆとりある親心をもって叱ってほしいと思います。魚を釣り上げるときの強烈な引きと同じです。その「手応え」を楽しむところによさがある。強引に引き上げると糸は切れてしまいますよ。

「だって」という口答えにも、竿さばきを合わせながら、やさしい親心をもって、抵抗をも楽しみながらこちらにたぐり寄せてやるのがいい。魚は技術だけで釣れるでしょうが、子どもの成長は技術だけではだめです。

「なんでもひとりでできるようになること」が自立ではありません。他人との調和のなかで主体性を発揮して暮らしていくことが本当の自立です。

自立というのは、孤立して山のなかで隠遁《いんとん》生活をすることではありません。社会のなかで、主体性と、そして協調性をもって暮らしていくことが「自立している」ということだと思うのです。主体性と協調性のバランスがうまくとれている状態が自立です。

人に頼ることもあれば、頼られることもある。自分と相手の個性や、能力を考えながらバランスのとれた行動をとれるのが自立で、なんでもかんでも一人ですることが自立ではありません。

子どもの自立というと、どうしても、おむつがはずれてひとりでトイレに行けるようになったとか、食事や洋服の脱ぎ着が自分でできるようになった、といったことを、親はつい思い浮かべてしまうので「ひとりでできること」が自立だと思ってしまいがちです。

ところが、本当に社会的に自立して行動できる人というのは、周囲の人との調和のなかで何かをすることができる人です。人との関係のなかで主体性をも発揮できることが自立です。そのためには人を信じ、自分を信じることが必要です。

それには、子どもが一番最初に出会う他者である、「親」を信じ、親との人間関係が健全なものである必要があります。

子どもは自分の希望をありのままに親に受け入れてもらうことで、「自分は価値のある者なのだ」と感じられるようになります。しかし、いつもこれはダメ、こうしなくてはいけないと言われつづけていると、自分の存在価値をとても小さなものに感じるようになってしまいます。

愛のムチなどという言い方がありますが、本当に愛のある人がムチなど必要とするでしょうか。私は疑問です。子どもはまず無条件に受け入れられることによって、自分が本当に愛されていることを知り、その人を信頼し、自分自身の価値を実感し、そこからほかの人々をも信じることができるようになります。

人に対する不信感、恐怖感、警戒心の強さは、基本的には自分の欲求がどれくらい認められてきたかで決まります。不信感が強すぎると、人と調和しながら主体性を発揮することができなくなります。いくら勉強ができても、それだけでは自立するための力は育たないのです。

自立と孤立はまったく違います。なんでもひとりでやること、ではありません。だから「ひとりでできるようにしなさい」「もうお母さんは手伝いません」ということばかりいわず、ゆっくりとじゅうぶんに手をかけて育ててあげてください。

親がなんでも決めすぎるのではなく、時間がかかっても子ども自身に決めさせる、ということもさせてあげたほうがいいと思います。自分で、自分のすることを決めるということは、自分自身をコントロールすること、自分の衝動をコントロールできるということです。それには、親が辛抱強く待ってあげることです。

大切なことは何度でも伝えるだけでいいのです。いつからそれが実行できるようになるかは子どもによって違います。しっかり自立する子のほうが、自立は遅いものなのです。

だから待ってあげてください。

子どもは親に反抗することもありますが、反抗とは、自分が相手にどれくらい受け入れられているのかを確認している行為であり、同時に自分が主体的な行動ができることを確認しようとする行為です。

子どもは依存と反抗をじゅうぶんにしなければ自立できません。子どもの依存と反抗を「我慢しよう」と思わないでください。

草花の好きな人は、どんなに手がかかっても、草花に「いますぐ咲きなさい」なんてムリをいわず、ただ大事に手をかけて、花が咲くのを楽しみに待ちます。

いろいろ努力して、工夫して、それでも楽しい。育児はたいへん、と思うときがあるかもしれませんが、本当は育児ほど楽しく、大きな喜びを与えてくれるものはないと思いますよ。

子どもがのぞむことをみな与えるのが過保護、親がのぞむものだけを与えるのが過干渉。

過保護を心配することはありません。過保護というのは、子ども自身がのぞむことを過剰に与えることです。それよりも避けなければいけないのは過干渉です。なぜいけないのかといえば、それは子どもがのぞむことではないからです。

そもそも人間は生まれながらにして非常に強い向上心を自然に持っています。放っておいても、発達することはできる。赤ちゃんは教えなくてもやがて首が自然に座り、寝返りをうち、ハイハイをして、自分で伝い歩きを始めてやがてひとりで歩きます。教えなくてもそうなる。中枢神経に障害を持っていた場合は特別な訓練が必要なこともありますが、そうではない場合なら、訓練や指導をしなくても生活に必要な行動能力を身につけていきます。

育児というのは、こうした子どもたちのごく自然な成長力や発達力をサポートしていくことだと思っています。

親が無理をして競争心や向上心など植えつけようとしなくたって、子どもは自然に何かに負けないように頑張ろう、とか、そういうふうに思うものです。子どもの自然な気持ちを最大限に発揮できるようにしてあげるのが、育児というものだと思っているのです。

そうしたときに「過保護」とか「過干渉」という言葉がよく出てきます。それはどちらも「よくないもの」のようにいわれることがありますが、このふたつは違います。子どもがのぞむ通りになんでもしてあげすぎることが「過保護」で、いっぽう子どもはのぞんでいないけれど、親が一方的に「こうしたほうがいい」と思うことをいったり、したりすることが過干渉です。これは決定的に違うものです。

子どものの ぞみ通りにしてあげること、してあげすぎること、というのは「悪い」とされることがあります。なんでも子どものいうことをきいてやったら、子どもは依頼心ばかりが強くなり、自立できなくなる、という意見です。

けれど、私はそんな事例を、本当に見たことがないのです。一見、そういうふうに見えるケースというのは、過保護の結果ではなくて、過干渉です。子どもに対して過剰に干渉し、そのあとから保護的な態度をとる、というケースがほとんどなのです。

子どもというのは、親の過剰な干渉を受けると欲求不満になってしまいます。強い不満の状態にいて、子どもが自立へのスタートを切れず、育児もうまくいかない、ということがあります。こうしたケースで相談にみえたお母さんやお父さんに、私はいつも「もうすこし、子どもの希望を聞き入れてあげてください」とアドバイスします。

ただ、それまで過干渉を受けていた子どもに対し、受容的、保護的な態度に切り替えようとすると、子どもは赤ちゃん返りをしたようになることがあります。親から見ると、子どもが退行現象を起こし、まるで、以前よりもダメになってしまっているように思えるかもしれません。「干渉しないようにして、子どもの希望を聞くようにしたら、子どもがなんだかどんどん赤ちゃんのようになっていきます。やはり過保護はいけないのではないでしょうか」と心配して、また相談にみえる方もいます。

けれど、それは違います。

子どもはそれ以前に安心して自立へのスタートを切れなかったのですから、何歳になっていても一度ゆっくりと乳幼児期に戻して安心を与え、再スタートさせたほうがずっといいのです。

それが何歳であっても、親の受容的な態度によって赤ちゃん返りしたことを心配し、突き放したりする必要はまったくありません。

金銭で物を買い与えるより、手塩にかけて育ててください。手をかけすぎて子どもがダメになるなどということは、けっしてありません。

過保護を恐れる親というのは、干渉したがる親です。ほとんどの場合、こういって間違いないと思います。

保護的な育児をすると、子どもがいつまでも赤ちゃんのままで成長しない、と思ってしまうのですね。その結果、親が一方的に「よい」と思うものを与え、「役に立つ」と思うことをさせようとします。

子どもがほしがっても親がよくないと思うものはけっして与えず、子どもがやりたがっても親がやらせたくないことは全部禁止してしまう。理由はいろいろあるでしょう。少しでも体に悪いかもしれないものは食べさせない、ちょっとでもケガをする心配がある運動はさせない、危ないものや汚いものには絶対に触らせない、将来勉強の役に立ちそうなものしか与えない、といったことです。

これはいくら親が「子どものため」と思っても、本当は「親がのぞむこと」ばかりです。子どもがのぞむことは、親から見たら、全部危険で役に立たないことで体に悪いこと、かもしれません。けれどそれを全部禁止したら、子どもの世界は本当につまらないものになります。好奇心のかたまりのような子どもにとって、欲求不満だけがたまる世界です。

もちろん、本当に危険なことや他人に大きな迷惑をかけること、悪いことは、やってはいけないよ、と教えなくてはいけません。けれど、そうでないのなら、なんでもいうことを聞いてあげたらいいのです。

保護的に子どもを育てるというのは、親の希望ではなく、子どもの要求にこたえて育てることです。子どもは自然な発達力を持ち、伸びていく。それを盆栽の松を育てるように、無理に枝を歪めるのは過干渉です。太陽と、水と、必要な肥料を植物の求めるままに与え、あとは見守ってあげるのがよいのです。水がほしい、太陽がほしい、肥料がほしい、と子どもは訴えます。

たとえば「抱っこしてほしい」「公園へ行きたい」「遊んでほしい」「おもちゃがも

っとほしい」「かまってほしい」「いっしょにいて」「お菓子もほしい」「嫌いなおかずは食べたくない」「お風呂にはいりたくない」「夜は寝るまでいっしょにいてほしい」「学校に送ってほしい」。

我が家では、食事は子どもの好きなものを好きなだけ食べさせました。嫌いなものを食べさせようとしたことはありません。全部は無理でも、できる範囲のものはすべて叶えてあげたらいいのです。

子どものがのぞみ通りに手をかけすぎたから、子どもがダメになるなんてことは基本的にあり得ません。要求していないのに、水をやりすぎたり、肥料をやりすぎてはダメですよ。手作りの手のかけかたをしてあげてください。一番の基本になるのはスキンシップです。まさに手塩にかけて育ててあげることです。

金銭でほしがるものを買い与えることは節度が大切です。物で心を満たそうとする育児は、かえって欲求不満の感情をエスカレートさせることがあるのです。

これさえ心得ていれば、子どもの求めに応じて肥料を水や太陽をいくら与えても、それで子どもに悪い影響が出てくることは絶対にありません。それが基本原則なのです。

それは本当の意味で子どもを信頼することです。子どもの本当の成長力、発達力、自立する力を信頼することです。子どもの力を信頼できないから、過干渉になってしまうのです。子どもの能力以上のものを期待する親もまた過干渉になります。

「自分の子どもに過剰な期待をしない」というのは、簡単なことではありません。どうしても期待してしまいますからね。

だからこそ、親は自分の気持ちをきちんと戒めて、期待ばかりして過干渉にならず、保護的に育ててあげることを心がけてください。そうしてやらないと、子どもが成長してから本当に必要な、自発性、自主性、主体性、といった生きる力の芽をつんでしまうことになります。残念ながらこうした例はとても多いのです。

小さいころの「将来の夢」は荒唐無稽でもかまいません。自己肯定感をもった子はやがて現実的な夢を着実に実現していきます。

「大きくなったらアイドルになりたい」「僕はサッカー選手になりたい」「ダンサーになりたい」「宇宙飛行士」「バレリーナ」「ケーキ屋」と、子どもはいろいろな「夢」を話します。昨日と今日では変わってしまうこともあるし、「アイドルか、ケーキ屋さんか、スケート選手」などと、3つも4つも「なりたいもの」がある子もたくさんいます。

本人に資質がどうの、ということとは関係なしに、子どもは仲間たち社会でのびのび活動していると、自然にそういう気持ちが出てくるようです。

どんな仕事でも夢がいくつもあってもよいのですが、むしろ心配なのは「大きくなってみなければわからない」「別になにもない」と答える子どものほうです。

「大きくなってみなければわからない」といわれれば、その通りなのですが、これは大人になってからの考え方というものです。

こうした答え方をする子は、大人と同じように論理的な理解で「大人になってみなければわからない」「将来のことは今はわからない」といっているわけではなく、今の自分が何になりたいかわからない、という状態です。これは一種の自我の混乱ともいえます。つまり、自分の成長に対して、主体的な実感がなくなっている。つまり言い換えれば、自主的、自発的に生きていないのです。

将来、社会に向かって自分というものを自己実現していくことへの「夢」を描けるかどうか、ということです。

社会に承認される価値観を年齢相応に形成していくその過程にあって、幼児期の遊びのなかでも、もっと拡散した対象のなかに自分の「役割」をイメージできる力がとても必要です。

これはどの年齢、どの時期にもなくてはならないことです。

発達段階、年齢によって、「夢」の内容は変わります。最初のころは「野球選手かお寿司屋さん」といったフォーカスが定まらない状態ですが、やがて自己実現の夢や将来の希望が、自分の個性、能力、適性などに合わせて、年齢相応に明確になっていきます。

最初は「ただの憧れ」であったものが、「自分はほかの子より足が速い」「サッカーが得意」「ピアノがすごく好きだ」といったところから「陸上選手」「サッカー選手」「ピアニスト」と少し具体的になります。けれどさらに年齢が高くなると「プロになるのは無理そうだから、選手を支えるトレーナーになろう」「スポーツを研究しよう」「演奏家はむずかしくても音楽の先生になろう」と、自分の個性や特性に合わせて、将来の職業、社会での「役割」をイメージしながら、そこに向かっていこうとするわけです。

けれどどんな年齢においても、こうした「イメージ」がまったくできないということは、主体的に生きることができていない、ということです。

こうした主体性は、勉強ができるとかスポーツが特に秀でている、ということとは関係なく、自分に自信をもち、自己肯定感をちゃんともっていることで芽生えてきます。

そのために親や先生ができることは、子どものありのままを最初の段階ですべて受け入れ、ありのままで、あなたには価値があるのだ、かけがえのない存在なのだ、ということを全身で伝えてあげることです。

勉強ができたからいい子、スポーツなどでいい成績を収めたからすごい、とほめるのではなく、成績よりも運動能力よりも人間にはずっと大切な価値があるのだ、ということを伝えつづけてあげることが、一番大事です。これは、乳幼児期にかぎらず、何歳になっても、何度でも伝えてあげてほしいことです。

競争心、協調性、このふたつを健全に育てるには、たくさん友だちを家によび、友だちの家にもたくさん遊びに行くことです。

友だちのなかで育つことがなぜ大事かというと、協調性（共感性）、競争意識、そして主体性というのは、友だちとの関係のなかでしか育たないからです。協調性と競争意識は、両方のバランスがとれて初めて生きてくるものです。

協調性や共感性だけ、というのは、なんだかいいことのように思えるかもしれませんが、そこに競争意識がなければ、ただ迎合するばかりになってしまいます。競争意識のない協調性では、「こうしろ」といわれると、なんでもその通りにしてしまうことになります。本当の協調性とは、そんなものではありません。

たとえば「千円持ってくれば仲間に入れてやる」といわれて、持って行く子がいます。これは本当の協調性ではありません。

競争意識と協調性・共感性のバランスは、友だちのなかで育ちます。

たとえば、自分の家に友達をよぶこと、そしてまた相手の家に遊びに行くこと、その両方をたくさん経験することです。どちらかだけではなく、両方であることが大事なのです。最近のお母さんたちは、意外にもこのことをご存じないように思います。

自分の家に友だちを連れてきたとき、子どもは自分でリーダーシップを発揮することができます。自分の家の規則というか、しきたり、やり方を相手に押し付けることができます。「そんなことはしてはいけない」とか「そのおもちゃはこうやって使うんだよ」とか「そのドアはこうやって開くんだ」といったことです。あるいは親が出してくれたおやつをまるで自分がふるまっているかのように「食べていいぞ」なんて言ったりします。

ところが友だちの家に行けば立場は逆転します。相手の家のルールにのっとって生活しなければなりません。おやつを出されたら「いただきます」と挨拶しなければいけないし、「ごちそうさま」とお礼を言います。

我が家の子どもは、ある友だちの家に行くときは必ず靴下を履いて行きました。なぜかというとその友だちの家では、靴下を履いていない子は、雑巾で足を拭かないと上がらせてもらえないからだそうです。それを聞いて「なるほどそういうきちんとした家もあるのだな」「ウチはわりと適当なのだな」などということも知る。また帰って来てから、「○○君の家は甘いお菓子がぜんぜん出ないんだ。ジュースもなくて麦茶ばっかり」なんて親にいうこともあります。それを聞いて親のほうは「なるほど、歯の健康などをちゃんと日常から考えているんだなあ」と、子どもがもち帰った相手の生活から学ぶこともできる。

自分の家では自分がリーダーだけれど、よその家ではそこのルールに従う、ということのなかで、それぞれの家にはそれぞれの家の考えがあり、「違い」があることを知ることは非常に大事なことなのです。

そしてもうひとつ、自分の家でも、友達の家でもない「第三の場所」つまり、空き地や公園で遊ぶことも、同時に非常に大切です。

できるかぎり、この3つの「場」をバランスよく子どもの生活のなかに取り入れることで、子どもは、友だちと「育ち合う」ことができるようになっていきます。

「ひとりで何かに取り組むこと」は勤勉であることとは違います。勤勉さとは、仲間のなかで何かの役割を果たそうと努める姿勢です。

幼児教育の仕上げの部分というのは、ものごとに勤勉に取り組むことを教えることだと思います。この「勤勉さ」というのは、あまりにもまじめに、ひとりでコツコツとガリ勉をするとか、言われた通りの状態をじっと守っている、ということではありません。集団のなかで何が果たせるか、自分の役割を担おうと積極的に参加していく態度があるかどうか、ということです。集団参加をまったくしないで、次のテストでいい点をとるため机にかじりついている時間が人より長い、というのは「勤勉」とはいいません。

勤勉というのは、他人のなかにあっていっしょに何かができる態度のことをいいます。わたしたちは、他人と隔絶した場所でひとりでなにかに取り組むことを勤勉だと思いがちです。けれど、ひとりでどれだけ漢字や英単語を覚えてもそれは「勤勉」とは言えません。覚えた文字や語彙を使い、心を込めて手紙を書く、誰かに何かを伝えるためにいい文章表現ができるようになる、ということが一番大事です。漢字、英単語を覚えるということの先に手紙や会話があり、それが社会参加へとつながったとき、はじめて本当の勤勉らしきものになるのです。

「勤勉であること」の本質を、はじめてこのように指摘したのは、アメリカの発達心理学者H・エリクソンですが、多くのお母さん、お父さんはこのことに気づいていません。

子どもがひとりでじっと自分の机に座って学校の宿題や塾の宿題をしていれば、「本当によく勉強するいい子だ」「勤勉な態度が身についていて安心だ」と思ってしまいがちです。ほかの子どもが遊んでいるときでも、誘われても、見向きもしないでひとり勉強に取り組む姿は、立派に思えるかもしれませんが、むしろ私は心配になります。

子どもが社会の仲間入りをするために、その準備としてもっとも大切なのは、まず友だちと上手に遊べるようになることです。あるいは、仲間といっしょに何か大きな工作をしたり、劇やダンスの作品を作ったり、という共同作業のなかで、自分の分担や役割をのびのびとこなしているか、ということです。

それができるようになるには、その前段階で、じゅうぶんに親に愛され認められることで自分に自信を持ち、他者に共感できる感性が育ちつつあることが前提です。そうした発達段階を踏み、友だちとの共同作業、遊び合うことを通じて、子どもたちは社会に出て、仕事をするときにも通用する協調性、共感性、競争心、そして、勤勉さを身につけていくことになります。

人は、どうやってもひとりだけで成長することはできません。ときには「一人であること」を我慢しなくてはならないときがあるとしても、それ以外の時間にじゅうぶんに人と関わり、その上で自分自身に対する「肯定感」をもった子は、必要なときはひとりで勉強することも、ひとりでスポーツの練習に取り組むことも、きちんとできるようになります。

そしてひとりでは乗り越えられない、というときには親や友だちに相談したり、弱みを見せて、頼ったりすることもできる。孤独に何かに取り組むこともできるけれど、けっして孤立はしないのです。

長所をできるだけたくさん指摘してあげてください。短所や欠点はそのあとからほんのちょっぴりだけでいいのです。

どんな人間にも長所と短所があります。家庭では親が、学校では先生が、子どもの短所を直して長所を伸ばしてやりたい、と考えるわけですが、どうしても欠点ばかりを指摘してしまいます。子どもというのはまず最初に長所をたくさん指摘され、それから短所をちょっぴり指摘されると、短所や欠点に対する取り組みがとてもよくなります。よくないところは直そうとする。というのは、たくさん長所を指摘されてきた子どもは、自分に自信があるからです。自信がないと短所を直すということは、なかなかできないのです。

だから、子どもたちにはまず、いつもできるだけたくさんの長所を指摘してあげてほしいと思います。短所は少しだけでいい。

長所を「あたりまえのこと」として見過ごし、欠点ばかり探して一生懸命それを修正しようとする教育は間違っています。私たち大人はうっかりすると短所のほうばかりに敏感になり、少しでも悪いところをみつけると直そうとしてしまいます。子どもの希望をかなえてやることよりも、親や教師の希望にそったことばかりに気持ちをとらわれてしまう。大人はまずこれを逆転させなくてはいけません。

そのために知っておかなくてはならないことは、長所は常に短所の裏返しで、短所は長所の裏返しだということです。

学校で忘れ物をけっしてしないというのは、親から見ても先生から見ても長所でしょう。たしかに忘れ物の少ない子は、注意深く用心深いという長所を持っているといえますが、神経質で臆病で、強い不安感という短所をあわせもっているともいえます。

ほどほどに忘れ物がある、というのが一番いいのです。

また子どもはおもちゃをちらかすのが普通ですが、まれに持ちだしたおもちゃを親に言われるままきちんと片付け、それからつぎのおもちゃを出すという子がいます。いつもきれいに片付いているのだから長所だと思われるかもしれませんが、そんな子がいたら私はちょっと心配です。子どもの遊びというのはいったん中断して片付けをし、気持ちを切り替えてからつぎのおもちゃにとりかかる、なんていうことができないほど勢いのあるものだからです。やりたいときはわーっとやって、へとへとになるまで遊び、終わったらくたびれて片付ける元気なんかない、というのが健康な状態です。ちらかし放題の子は親から見たら短所だけど、うんと元気で集中して遊べるというたいへんな長所を持っているのです。もちろん年齢や程度の問題はあるかもしれませんが、小さいころから片付けが上手な子は、遊びへの活力、意欲が乏しいともいえますから、私はとても心配になるのです。

親は短所ばかりを探さないで、長所をたくさん指摘してあげてほしい。けれど、常に長所短所は両面であることを忘れないでください。長所というのは、親や先生にとって都合がいいことにすぎないということもあります。親が「この部分は、この子にとって大きな長所だ」と思っていると、それがときにはとんでもない短所である、ということもないわけではないのです。

分業意識は、価値の軽重を知ることから、心に差別意識を生み出します。これは人間の業でもあり、悲しいことですが、避けがたい本性でもあります。

4歳の終わりごろから、5歳、6歳のころになれば、複数のあるいは大勢の人のなかでの分業の感覚というものが自然に身についていきます。また身につけなければならない。これも大事なことです。自分の役割を発見する能力といってもいいでしょう。子どもたちは幼稚園や学校でそうした役割分担の機会をさまざまに与えられ、遊びのなかにも作業のなかにも、そういうことを感じるようになります。

ところが分業の意識が芽生えると同時に、分業役割に一種の価値観が出てきて、これは大事な役割で、あちらは補助的な役割、と感じる気持ちも生まれてきます。つまり自分は主役で、あの友だちは脇役、というように、重さの違いに対する感情や差別化が生まれるのです。

たとえば学芸会の劇ではセリフの多い役もあれば少ない役もあります。合奏ならばとても目立つソロパートもあれば、シンバルを最後に2回叩くだけのパートもあるでしょう。どんなことにも分担があり、全員が同じことをするということはありません。

運動会でもそうです。例えば徒競走です。昔はいっしょに走る組分けを機械的に背の高さの順で決めていたものですが、最近は走るのが早い順に並べて組分けをする学校もあるようです。ひとつの組のなかで極端な差が出ないように配慮しているらしいですね。つまりAの組の一番でも、Bの組で走るとビリになる可能性がある。当然、Bの組の遅いほうの子はAの組で走りたいと思うでしょう。そうなると練習や予選で早い遅いの判定がなされるとすると、わざとゆっくり走って遅い子がいるグループに入り、一番になりたいと考える子も出てくるでしょう。

大人はあれこれ考えて「平等に」などと工夫をするわけですが、どんな工夫をしたところで、本当に平等な方法はあるかというと、これはあり得ません。結局子どもたちは「お前何番だった?」「1番だよ」「A組の1番だろ? B組で走ればビリだよ」など意地の悪いことを言ったりするのです。

これは「組分けの工夫」などではけっして解消できない問題です。もともと人間の部分的な能力や機能については何ひとつ平等なものはありません。けれども子どもたちの価値観のなかでは、どうしても差異を認めようとする。分業のなかで価値の高低があるように思ってしまうのです。

分業の意識ができるとどうしても一種の差別の感覚が芽生えます。人間にとって差別感覚というものは、どうしようもないほど本能的な特性のひとつです。人間の業とでもいえるようなもので、それは私のなかにもあると実感せざるを得ません。

こんな事例があります。１９７９年に亡くなられた神谷美恵子先生は、瀬戸内海のある島のハンセン病療養所で長年医療に携わられた方ですが、先生は、その著書のなかで、非常に控えめな口調ながら大変ショッキングなことを書いておられます。

ハンセン病患者は長い間、誤解に基づく差別や偏見に苦しんできた人たちです。しかし、療養所内の生活のなかで、ハンセン病を病みさらに結核にかかった人たちは、他のハンセン病患者たちによって差別される、というのです。ハンセン病で精神疾患を合併した人は、さらにひどい差別を受けるという話でした。

ハンセン病の人たちは、一般社会から隔離された形になりながら、その隔離された社会のなかでさらに一歩進んだ差別を生む。これは人間の避けがたい、悲しい本性なのです。

成長し、分業意識を身につけるときに、どうしても子どもたちの意識のなかに生まれる「差別」の感情、これを克服するためにどんな努力をしなければならないのかを教えるのもまた、教育なのです。

差別感の芽生えはしかたのないことですが、大事なのはそれを乗り越え、人間の本当の価値、同情ではない本当の平等を理解することができるように教育することだと思います。

分業を意識し、自分でその役割を担わなくてはならないことがわかってくると、作業の軽重意識、つまり差別感が芽生えるのは当然の成り行きです。けれど、こうした差別感を悪のかたまりのように思い、ひたすら恐れる必要はけっしてありません。人間の個々の生命、価値、尊厳は平等です。これが人間社会の基本ルールです。しかしながら、人間のあらゆる側面に能力差があるというのも厳然とした事実です。ボールを遠くへ投げられる子と投げられない子がいる、走るのが速い子と遅い子がいる。背の高い子と低い子、視力のいい子と悪い子、記憶力のいい子とよくない子、歌の上手な子と苦手な子。

すべて人間としての機能に差があります。限定されたところで見るならば、それぞれに「優劣」をつけることは可能です。ひとりとして誰かと同じ人間などありません。そのような能力差の集合体がひとりの人間の個性であるわけで、すべてが劣った子などはけっしていません。

通常、われわれはごく狭い範囲の物差しでつくった価値観で、「あの子は優秀だ」などとほめたりしますが、それは人間の個人の尊厳や価値に反映されるべきものではない、という自覚をもつべきだと思います。

教育も、その自覚をもつように機能すべきだと思っています。

身近なところでいうならば、家庭のなかで親が何人かのきょうだいを育てる場合にも同じです。だれかひとり勉強が得意だったり、スポーツが得意だったとしても、そうではない子の価値が低いわけではけっしてありません。同時に、なにか得意なものがある子に対しても「お母さんとお父さんがあなたをかわいがっているのは、勉強ができるからでもスポーツが得意だからでもない。成績が悪くたってあなたは大事なかわいい子どもなのだ」ということを、しっかりと親がまず自覚して、子どもにいつも伝えてください。

学芸会の劇で、全員が均等に10のセリフをしゃべる脚本を作ったとしましょう。たいへんな苦労でしょうが、これを子どもたちに演じさせてみたところで、本当の意味で社会的役割を分担しあえる人間の教育にはなりません。人間には、何十、何百という無数の能力の種類があり、それぞれの部分、分野で能力差と、個体差ないし特質をもった人間がいるのです。そうした能力差、個人差を超えたところで、すべての人は平等なのだ、同じ仲間なのだ、ということを教えることが大事なのではないでしょうか。

形式的な平等感というのは、差別と同じようなものです。

真の意味での平等感というのは、もっとずっと精神的に深い部分にあると思っています。

障害をもつ友だちの手助けをするのも大切ですが、それは「かわいそうだから」「自分のほうが優秀だから」ではなくて、まったく同じ人間として平等だから、役割を分担してできない部分を補うのだ、という意味を理解することです。

「いい子」とは大人にとって「都合のいい子」のことです。
いい子だからかわいがるのではなく、
かわいがるから本当のいい子になるのです。

一般的には、親や社会に都合のいいことが長所で、都合の悪いことが短所だとされてしまっています。けれど子どもが幼いときから自分の気持ちを抑え、我慢をするのは立派なことに見えるけれども、実は自分を見失うことでもあるのです。大きくなったとき、自立を妨げることでもあります。

年齢にもよりますが、どの程度の抑制、我慢ならば自立につながり、どの程度ならば逆に自立を妨げてしまうのかは親が注意深く見守るべきです。

たとえば心身に障害を持った子のきょうだいというのは、幼いときから親の苦労をとてもよくわかっているので無理を言わず、非常に協力的です。ところが、思春期のころになると、こうした子たちのうちのかなり多くに、自立性や自主性が乏しい傾向が見られ、情緒が不安定で荒れやすくなる、ということがあります。いわゆる「思春期危機」という状態になりやすい。

なぜかというと、小さいときにいい子でありすぎたためなのです。

障害児のきょうだいにかぎらず、「いい子」というのは聞き分けがよく、わがままを言いません。けれどそれは自主性、主体性、自分の希望を極度に押し殺しながら、大きくなってきた結果です。自分が自立していくための道をしっかり見極めなくてはならない思春期になって、自分というものが見えてこないわけです。そのため思春期ならではの混乱を起こしやすい。

「いい子になってほしい」と願って、親に都合がいい部分だけ認めて、少しでも都合が悪いことは短所として直すようにいいきかせていると、一見「思い通りのいい子」に育っていくかもしれませんが、これはいいことではありません。「いい子」というのは、親にとって「都合のいい子」でしかないからです。

私はいつも「いい子だからかわいがるのではなくて、かわいがるからいい子になるのですよ」とお話しします。

「いい子になれなければお母さんに抱っこしてもらえない」という子は、たいへんな我慢をしているのです。とてもかわいそうだと思います。幼いうちから「抱っこして!」「もっと遊んで」とわがままを言わず、ずっと我慢をしすぎて「自分」を出さずに育ってしまった子が、大人が考える「いい子」です。

少しでも自分の子どもにそういう傾向があるな、と思ったら、何歳からでもうんと甘やかし、抱っこしてあげてください。

「いい子」はどんな食事を出しても好き嫌いを言わず、残さずこぼさずきちんと食べるかもしれませんが、「今日は何が食べたい?」と聞くと「なんでもいい」と答えてしまう子かもしれません。まず、子どもの一番好きなものを作ってあげたり、わずかでもお小遣いを渡して好きなものを買わせてあげたりしてください。

そして、「いいことをしたときだけ」ほめるのではなく、いつでも、どんなことをしてもお父さんとお母さんはあなたのことが大好きなのだ、ということを繰り返し繰り返し、伝えつづけてあげてほしいと思うのです。

子どもは、親の社会性を見て、自ら社会性を身につけます。家庭が孤立せず「社会化」することはとても大切です。

私は「人間」という文字を見て、いつも心から感心するのです。誰が考えた文字なのか知りません。おそらく、中国の古い時代の偉い人が考えたのでしょうが、一本立ちできているものが寄り合い、「支え合って立つ」という字体の成り立ち、しかもそういう大勢の支え合う人々の「間」にいなければ人間にならないのです。

人間というのは、ひとりかふたりで構成されるのではない。人と人が相互に依存し合い、そういう関係がたくさんあるなかにいてはじめて「人間」たり得る。人間のもっとも本質的なものをつかんで象形化したこの漢字の意味を、私たちはもっと大事にしたいですね。

けれど子どもにとっても親にとっても、もっとも身近な世界である「家庭」が、現代においては、実に孤立化してしまっています。とくに都会では密集した住宅群のなかにありながら、山のなかか、野っ原にぽつんと1軒建っているのと同じです。それぞれの家庭が隣の家の生活となんの関係もない。つながりがない。つまり家庭の社会化というものがないのです。

子どもが社会人として成長していく過程では、家族や家庭が地域社会のなかで近隣と支え合える間柄になっていることが、実は非常に大切です。それは、親の社会性ということを、子どもの成長に反映させるために、です。

近所付き合いなど、以前はいちいち意識するようなものではありませんでした。しかし、いまの家庭には、それがあまりにも、決定的に欠けています。私が相談室やクリニックで出会った子どもや青年で、登校拒否、うつ状態、家庭内暴力、拒食症などで苦しんでいる場合、その家庭を拝見すると「家庭自体の社会性の欠如」というものがよくわかります。

現代日本では、経済的に自立してさえいれば周囲の人に依存しなくてもいい、と思う人が大多数になってしまったように思います。経済的自立というのは大事なことかもしれませんが、そんな小さなことで複雑な人間の生存要件は解決しません。人間は、漢字が示すとおり、本来精神的にもいろいろな人と相互に依存し合わなければならない宿命、本能をもっているのです。依存欲求、集団欲求と言われるものですが、人は、支え合い、「人と人の間」にだけ、生きられる生き物です。

言い換えると、依存する喜び、依存される喜び、その両面を求める動物なのです。子どもならば友だちに何か習う、上級生や先生に教えてもらう、という喜びもある。何かが下手な子、弱い子に教えてあげる、応援してあげるという喜びもある。これは幼児といえども、小さいなら小さいなりに年齢に応じた形でその欲求をもっているのです。

友だちに何かを教えてあげる喜びと同時に、友だちから教えてもらう喜びです。今の子どもたちは、その双方を欠いている場合が目立ちます。それは、家庭そのものがそうだからです。近所の家に頼らないかわりに、頼られるのもいやで、煩わしく面倒なわけです。お互い、迷惑さえかけなければよい、と考えている。けっして健全な自立ということではありません。それが「孤立」ということです。

子どもの成長発達には、家庭の社会化が必要です。同時にそのことは、大人の精神保健にも本当は非常に必要なものです。

自分の子どもだけがうまく育つ、
などということはあり得ません。
周囲の仲間とともに、互いに育ち合うものだからです。

私たちはだれでも、優越感と劣等感をもっています。けれど人によって、それがとても強い人とそうではない人がいます。

子どもを育てるとき、子どもを競争原理のなかで育てすぎ、いつも人と比べて「がんばりなさい」と言ったり「負けてはいけません」と叱咤すると、優越感と劣等感が強くなってしまうと思っています。

親は、ときとすると過剰に自分の子どもに期待して、ほかの子どもよりも優れた子になってほしいと思ってしまうのです。そこまではなくても、どこかで「自分の子どもだけがうまく育てばいい」と思ってしまう。そうした考え方というのは、子どもの優越感や劣等感を強く育ててしまいます。

子どもは仲間といっしょに「育ち合う」ものです。自分の子どもだけうまく育つ、なんていうことはあり得ないことです。自分の子どもといっしょに、うまく育っていてくれる子どもが周りにいてくれなければ、うちの子もちゃんと育っていきません。そう思うべきだと思います。それを親が実感として知っていると、不健康な優越感、劣等感は育ちにくくなると思うのです。

植物でも魚でも、環境がよければ周りの仲間といっしょにすくすく元気に育っていきます。育つということは、育ち合える環境のなかでお互いに育ち合っていく、ということです。

子どもが健康に、健全に育つために必要なのは、親が「みんなに負けないようにしなさい」と叱咤激励することではなく、子どもたち自身がお互いに共感し合う環境です。共感し合いながら育つと、自分がなにかの分野で仲間よりも上手にできたときでも、ほかの人を見下す優越感ではなく、非常に健康な喜びの感情、ある種の誇りをもてるようになります。

反対に、自分の仲間が、自分にはないすばらしい才能を発揮したときには、嫉妬したり自分に劣等感を覚えるのではなく、心からその子を敬愛し、自分のことのように喜ぶこともできるようになります。

優越感と劣等感というのは、常に背中合わせにあるもので、どちらかだけを持つことはあり得ません。劣等感の裏返しが優越感で、優越感をもっているから劣等感も生まれるものです。優越感の強い人は、非常に強い劣等感をどこかにもっています。

優越感というのは人を見下げたり、軽蔑したりする怖い感情でもあります。年老いて能力が衰えた人を見下げたり、自分より能力のある人には敵意や嫌悪感、嫉妬を感じたり、逆に媚びへつらったりして、自分もがんばろう！と前進することができず、結局つらくなって退却してしまいます。劣等感を覚えることを恐れるからです。

こうした状態があたりまえになってしまった子に、友だちはなかなかできません。

しかし健全な誇り、共感という感情は、自分に不十分な部分があれば、それは仲間から分けてもらえばいいんだ、とか、誰かに頼ればいいんだとか、あるいは「自分の努力がたりなかったのかしら」という内省や自己洞察につながっていきます。

多くの友だちにかこまれ、仲間と共感し合いながら育ち合うことは、とてもよいことなのです。

動物をうんとかわいがる子には、淋しい子が多い。

動物をうんとかわいがり、やさしくする子がいます。こういう子というのは、しばしば、友だちが少ない子です。もちろん動物をかわいがる子はみな友だちがいない、という意味ではありませんよ。でも、非常に動物をかわいがる子のなかには淋しい子が多い。そして、淋しい子ほど動物を非常にかわいがることが多い、ということはいえます。

いろいろなことをしゃべり合える友だちがいない、あるいは親やきょうだいとゆっくり安心して対話できない、といった淋しさがあるとき、子どもは動物にそれを求めようとする場合があります。だから動物にやさしくするのですね。でも本当は、自分がそうしてもらいたい、という気持ちの裏返しの姿や表現である、ということです。

子どもが動物をかわいがるようすは、微笑《ほほえ》ましくてとてもいいものですが、友だちがいなくて動物だけを非常にかわいがっているときには、なにか淋しさを抱えているのではないか、と考えたほうがいいという場合もあります。

また「動物にやさしくできれば、人にもやさしくできるからだいじょうぶ」と思うのも間違いです。動物をかわいがることと、人間に対してやさしくすることは、まったく違うものだからです。

人間は、やさしくしてもらった経験がないと、けっして他人に対してやさしくなることはできません。やさしくしてもらいたくて、おべっかを使うことはできるけれど、本当にやさしくすることはできないのです。これはとても大事なことです。現代人は大人でも、ペットに服を着せ、羽根布団に寝かせ、まさに猫可愛がりしますが、そのやさしさを隣人に与えられるかといえば、それはできません。ペットに対する愛情というのは、弱いものに対するやさしさです。このやさしさは、自分と対等のもの、自分よりも強いものに対するやさしさとは、しばしば質が違うものです。人にやさしくできる気持ちとペットにやさしくできる気持ちとは、根本的に違うのです。自分を裏切らないもの、自分に危害を加えないもの、反抗しないものに対するものにやさしくできても、自分から気遣いをしなければならないものに対してはやさしくない、よそよそしくなってしまう、ということがあります。まして自分よりも恵まれているもの、強い立場にあるものに対してはやさしくするどころか、反射的に無視したり、敵意を感じたり、嫉妬したりする。

本当のやさしさというのは、自分より恵まれたものに対しても、強いものに対しても、変わらないやさしさのことです。

やさしさとは、相手に対する哀《あわ》れみの感情ではありません。人を見下げるそんな感情ではないでしょう。

自己愛ばかりが強くなった現代人は、それに気づいていないことが多いですね。本心では人を見下した偽りのやさしさや、偽りの愛情を抱いて、それに酔っている人がたくさんいます。

本当のことをいえば、人間同士でやさしくし合えている人は、猫可愛がりするペットを飼う必要はないんだろうと思います。

親が子どもにやさしくすれば、子どもは必ず人にやさしくなれます。家族みんなに愛されて育った人は、きっと人を深く愛することができるようになります。

この世でもっとも「純粋に近い愛情」は、親が子どもを思いやる気持ちです。

恋愛感情とは、「相手に対する愛情」ではなく自己愛です。

相手の幸せを心底から願うよりも、自分の幸せを願う感情で、だからこそ相手が自分を捨てたとき、「それが相手の幸せにつながるのならいい」と許すことなどどうしてもできないのです。

本当の愛情というのは、ただひたすら相手の幸福を願う感情です。

この世にある愛情のなかで、もっとも純粋な愛情に近いものが、親が子を思いやる気持ちだと思うのです。「純粋な」ではなく、「純粋に近い」といったのは、親が子を思う気持ちのなかにも、ときに純粋ではない部分が含まれているからです。

たとえば、親としての見栄だったり、自分の夢だったものを子どもに押し付けて強要したり、ということもしばしばあります。

「この子に手がかかるから好きなことができない」と憎らしく思う気持ちになることもあるでしょう。いつまでも泣きやまない赤ちゃんに「どうしてこうなの！　もういやだ」とイライラすることもあるでしょう。こうした気持ちは、どんな親御さんのなかにも多かれ少なかれ、隠れています。

それはあたりまえのことで「１００パーセント純粋な愛情」ではないから私は悪い親、などと思い悩む必要はまったくありません。

親が子どもを思う気持ちは、その本質的なところで代償を求めない愛情です。恋愛は、

「私が愛してあげたのだから、あなたも私にやさしくしてほしい」

「私がプレゼントをしたのだから、あなたはもっと私を好きになってほしい」

「こんなに親切にしたのだからもっと喜んでほしい」

と、必ず相手になにかしらの代償を求めます。しかし、子どもに対する気持ちというのはそうではありません。

「子どもが笑うならなんでもする」

「子どもが気持ちいいと思うことはなんでもしてあげたい」と願い、別に子どもにお礼なんかいわれなくてもそれをつづけます。

そして、やがて子どもが「家を出て家族から離れ、こういう道に進みたい」と言い出したとき、親はどんなに寂しくても、子どもの夢をかなえるために応援し、喜び、祝福します。子どもの幸福のためだったら、自分の寂しさも、経済的な苦しさも、喜んで我慢しようとする。

これが、恋愛と、親が子どもに対して抱く愛情との大きな違いです。

恋愛は自己愛であり、親の愛情は他者への愛ということです。

だって、親が「隣の子どものほうが好きになった」などと「目移り」することがあるでしょうか？　あるはずがありません。もちろん「隣のお子さんは、優等生で手がかからなくていいなあ……」なんてことをコッソリ思うこともあるかもしれませんが、だからといって、隣の子と自分の子を取り換えようなどと、誰が本気で思うでしょうか。

できが悪かろうが、いいえ、ときにはできが悪いほど、親は自分の子どもが一番かわいくて、心配でしかたがないのです。心配のあまり怒ったり、かわいいあまり甘やかしたりしても、それがあたりまえです。

ただただ、子どものことを思い、夜泣きがつづいても、好き嫌いが激しくても、勉強が嫌いでも、いうことをきかなくても、心配しながらオロオロしながら見守り、「なにかしてやりたい」と思う気持ちが、この世でもっとも純粋な親の愛情なのです。

きびしい偏差値教育の環境のなかに放り込まれてしまったとしても、親が子どもに「成績ではない価値」を伝えられれば何の心配もありません。

子どもを競争原理のなかで育てないほうがいい、と書きましたが「そうは言っても小学校、中学校の勉強は友だちとの競争にならざるを得ない」と思う方もあるでしょう。

たしかに、いわゆる「偏差値教育」というのは、ある集団のなかで子どもをほかの子どもと比較しながら点数を伸ばしていこうとするものです。その点では「良いもの」ではありません。序列をつけてしまう、という点でよくない。

けれども偏差値教育、競争原理の働く学校で勉強しているから、子どもが健全に育たない、曲がってしまう、ということではありません。

私は、それよりも大事なのは家庭だと思っています。親が家庭で、それぞれの子どもがもっている多様な価値をしっかりと認めて育てていけば、学校での成績の序列など、たいした問題にはならないですよ。偏差値教育によって子どもが重大な影響を受けてしまうとすれば、それは家庭が子どもにちゃんとした影響を与えられなかったことのほうに、問題があると思います。

子どもの学校の成績ばかり気にして、成績が良かったときだけほめる、成績が悪ければ叱る、励ます、ということをつづけていたら、子どもは自分の価値も、友だちの価値も「学校の成績」だけで見るようになっていくでしょうし、優越感、劣等感を強くもつように育っていくでしょう。成績のいい友だちに嫉妬したり敵意を感じたり、点数が悪かったときは自分には価値がないように感じ、逆に成績がよかったときには友だちを見下すようになっていくかもしれません。

テストの成績や偏差値は高いほうがいいかもしれないけれど、勉強の成績など人間のほんの一面にすぎません。

人にとってもっとほかに大事なものはたくさんあるのだ、ということを教えられるのはまず家庭です。成績以外の「大事なもの」を発見できない家庭、偏差値以上に価値のあるものを子どもに伝えることができない家庭があるとしたら、そのことは、とても恐ろしいことだと思います。親はその部分で、うんとしっかりしなくてはいけない。

学校の先生が悪い、偏差値教育を強いる教育システムが悪い、地域が悪い、社会が悪い、などと他人や制度のせいにする人がよくいますが、それは間違っていると思います。

家庭というのは地域社会の反映であり、地域社会はその時代の風潮を反映しますが、だからこそ、それぞれの家庭が子どもにちゃんと向き合い、時代の波や流行、風潮に流されすぎないように気をつけていなければいけないと思います。

競争社会、偏差値教育の風潮のなかにあっても、家庭で「偏差値より大事なもの」を教え、成績なんか関係なく子どもの価値をじゅうぶんに認めてやることが、一番大切なことでしょう。

そうした家庭で育った子どもは、成績が悪くたって自分自身の価値を知り、自尊心をもつようになります。

自尊心とは、誰からも冒されてはならない個人の人格的尊厳があるという、誇りの感情です。本当の自尊心は、相手の自尊心をも認めることにつながります。

単なる優越感は、相手の自尊心を認めるのではなく、むしろ見下す感情です。自尊心と優越感は似ているように見えて、実はまったく違うものなのです。

自分に誇りをもてる子どもは、友だちに共感することができ、だからこそ、いい友だちもたくさんできるのです。

親の孤独が、子どもへの過剰な期待、過剰な干渉、体罰につながってしまうことが少なくありません。

　孤独な親というのは、子どもにしか自分の気持ちのはけぐちを向けるところがなくなってしまいます。その結果、自分の不安を子どもにたくさん与えてしまうことになります。

　ときに、親の孤独や不安は、子どもへの虐待や、体罰という形で向けられてしまうことがあります。親にそうした虐待意識がなくても、結果的に虐待になっていることがあるのです。

　子どもを叩くことは子どものためだと思っていて、「あなたのお子さんのようなタイプは、そうした育て方はしないほうがいいですよ」とアドバイスしたとしても、どうしても我慢ができなくて叩いてしまう。

たとえば、ADHD（注意欠陥・多動性障害）や、LD（学習障害）といわれるタイプの子どもたちは、叱らずに育てることが大事なのですが、それをお母さんに伝えても、「叱らずにいることができない」「どうしても我慢できない」という場合があります。「いまは叱らないほうがこの子のためになる」とわかっていてもできないのです。子どものためを思って叱るのではなく、ただ我慢ができないから叱ってしまう、ということです。それでも「子どものために叱っているのだ」と自分の行為を正当化してしまいがちです。

ADHDやLDのタイプではなくても、子どもに過干渉してしまう場合、こうしたことは非常に多いのです。

孤独な人ほど、子どもに過剰な期待をかけてしまいます。

孤独というのは、人に愛されていないという状態です。するとどうしても自分を愛するようになってしまいます。人を愛することよりも自分への愛が強くなる。本人は子どもを愛している「つもり」なのですが、それが自己愛ですと、子どもに対する愛情というよりも、過剰な干渉として働いてしまいます。

こういうプロセスによって、親の孤独が子どもに対する過剰な干渉につながっていくことは理解しておかなければいけません。

過干渉をする親に「過剰な干渉はやめたほうがいいですよ」「そんなに叱らずに育ててあげてください」と理屈を説いても、効果はありません。頭でわかっていてもやめられないのです。

唯一の解決法は、親を孤独から救ってあげることです。

やはり孤独になりやすいのは、専業主婦のお母さんではないでしょうか。夫の親とは別居、自分の故郷は遠い、仕事は出産と同時にやめてしまった、近所付き合いがない、友人もいない、といったさまざまな事情で、お母さんはどうしても家にいることが増え、常に自分の子どもとだけ向き合うことになります。さらに、ご主人も仕事で毎日深夜帰宅、会話もほとんどない、ということになっていくと、お母さんの孤独感はますます深まってしまいます。

それがどうしても子どもに対する過干渉につながり、ときに虐待にもつながってしまうことがある。

ともかくこうした恐れがある場合、わたしがいつもお勧めしているのは、なんでもいいからお母さんが趣味をもって、外に出て自分の時間をつくり、お友達をつくってはどうですか、ということです。

地域のお料理教室でも、ママさんバレーのチームでも、どんなものだってかまいません。「子どもがいるからそんなことはできない」と思わず、子どものためにこそ、自分を孤独のなかから救い出してあげてください。

ただ、過干渉の育児に陥るお母さんは不安感が強く、簡単に親しい友だちをもちにくい傾向があります。いきなり無理をせず、少しずつ自分の世界を拡げていってください。これはお母さんにかぎらず、過干渉型のお父さんにも同じことがいえます。会社の同僚はいても「友人」をもたない父親もまた、自身の孤独を子どもへの過剰期待、過干渉につなげてしまうことが少なくありません。

共働きの家庭でも、父親と母親の「自然な役割」を無理になくして平等にしてしまわないほうがいいでしょう。

母性、父性はそもそも、別々に存在するものではない、という考え方をする人もいますが、私は、これまでの経験から考えて、やっぱり「母性」と「父性」はあると考えています。

基本的にいえば父性というのは、社会的なルール、善悪などを教え、人生のあり方や生き方の理想、価値観を教えるものです。そして、母性は無条件に子どもを許容し、安らぎと絶対的な安心を与えるものです

もちろん母親のなかに「父性的」な部分もあるし、父親のなかにも「母性的」な部分はありますから、ときに両親が、その役割を逆転したり、母親または父親がその両方の役割を担うこともあるでしょうが、一般的には家庭内で父親が社会的規範を教え、

母親が安心感を与える、というような役割をになっています。

ここぞというときにはお父さんが厳しく、多少口うるさいけれど子どもはお母さんに甘える、ということですね。

私自身は子煩悩なほうで子どもにはごく甘い父親でしたが、それでも3人の息子たちは、どんなときでも母親のそばにいるときのほうがずっとくつろいでいました。レストランに行っても、子どもたちは争って母親の側に座りたがったものです。

現代の夫婦の形はいろいろです。お母さんが外でバリバリ働き、お父さんが「主夫」として育児や家事を担当している、というご夫婦も知っていますが、それでも子どもはお母さんにベタベタと甘ったれています。お母さんの匂いが好きなのか、肌ざわりが好きなのか、それよりもっと普遍的な何かなのか、それは本当にわからないのですが、不思議なものです。

これは障害児を見ているともっと顕著です。障害がない子だと大きくなって母親とくっつくことに照れてわざと避けたり、父親に気を遣って父親のそばに来たりするのですが、障害児はまったく正直です。日常的にどれほど父親のほうが手をかけて世話をしていたとしても、子どもは必ず母親のほうに行きます。

両親がそろっている場合、子どもは父親のそばより、母親のそばのほうがくつろぐ、安らげる、というのは間違いのないことのように思います。

家族の都合や考え方はいろいろありましょうが、両親がそろっているのであれば、無理に「父親も母親も同じように育児を負担する」「役割は完全に平等に分担する」「役割を逆転する」という必要はないのではないでしょうか。

もちろん、お母さんは仕事をしないでベッタリ子どもの側にいなくてはいけません、などという意味ではありません。買い物やゴミ出し、子どもをお風呂に入れる、保育園に送る、なんてことはどっちがやってもいいのです。できる人ができるときにやればいいでしょう。

けれど非常に根本的な部分で、「お父さんは社会的なルールや、生き方、理想、価値観などを教える」「お母さんは、安らぎやくつろぎを与える」という「役割」はそのままごく自然に、もっていたほうがいいと思うのです。というより、家族でごく自然にその役割の違いを実行できなくなったら、それが一番心配です。

母性とは、子どもが自分の存在に無条件の誇りや自信を感じることを可能にしてくれる感性を育てる機能である、と思っています。

「共働きだから」「片親だから」子どもが健全に育たない、などということはけっしてありませんが、幸いにも両親がそろっているのならば、お母さん、お父さんの「役割」は「できる範囲でありのままでいいのだ」という気持ちでいるのが、一番いいのではないでしょうか。

母子家庭のお母さんは、ときに「父性的」になりすぎることがあります。まずは母性的なものを、じゅうぶんに与えてください。

母子家庭も父子家庭も、最近はまったくめずらしくなくなりました。ひとり親家庭のお父さん、お母さんのなかには、「子どもが非行に走ったりしないだろうか」「健全に育つだろうか」と心配される方も少なくないでしょう。多くの育児書は、これほどひとり親家庭が増えているのに「両親がそろっていること」が前提になっているものがほとんどですから、不安が大きくなってしまうかもしれません。

けれど、お母さんだけの家庭でも、お父さんだけの家庭でも、子どもが健全に育たないなどということはありませんから、まず安心してください。

終戦直後は、幼い子どもを抱えひとり親となった方もたくさんいましたが、立派に子どもたちを育て上げています。知り合いのなかにも、ご両親をはやく亡くし幼いころから祖父母に育てられた人もいますが、おもいやりのある立派な大人に成長しています。

たしかに両親そろっていたほうが、子育ては一般的にはラクかもしれません。しかし、場合によっては「離婚したほうが子どものためになる」というケースだってあります。「子どものため」と我慢して、暴力をふるう夫と結婚生活を無理やりにつづける、といったことは、結果的に子どものためにもなりはしません。そうした場合には、離れて暮らしたほうがずっといいと思います。

「母性」と「父性」というのは、母親と父親が与えるのが自然ではありますが、「父性的なもの」は母親のなかにもあり、父親のなかにも「母性的なもの」はあります。母親が父性的な役割を担うこともできますし、ときには祖父母が非常に母性的な役割を果たすことも可能です。父性的なものについては、学校でその多くを与えられます。

離婚して母親が子どもを引き取った場合でも、あまり心配することはないのです。ただ、ちょっと心がけてほしいのは、「父親がいないのだから」と、お母さんが、あまり父性的になりすぎないことです。子どものために、と思ってもあまり厳しくしすぎたり、きちんとできないことを叱ったりしすぎないでください。

父性的な部分、つまり「社会のルール」というのは、じゅうぶんに母性的なものを与えられたあとから与えられるべきものです。うんと愛され、自分の希望をたくさん聞いてもらって、丸ごと自分を受け入れてもらったという体験があってはじめて、子どもは自分に自信をもち、そこから他者に共感することができるようになります。その土台がないと、「遊びのルール」「社会の決まり」といった規範を「なるほど」と受け入れることができません。

「しっかり育てなくては」と、行儀作法や社会的ルール、勉強の指導など、父性的なものを母性的なもの以前に与えすぎても、子どもは受け入れられず、その結果、非常に反抗的になってしまったり、暴力的になって抵抗することがあります。

最初に母性的なものをいくらでも与えることです。

過保護ではいけない、甘やかしてはいけない、などと思わず、ひとり親ならばひとりでふたりぶん甘やかすつもりで、子どもを受け入れてあげればいい。

もちろん子どもがのぞむだけおもちゃを買う、お金を与えるという意味ではありません。「物」と「お金」は与えるほど「もっと」とエスカレートし、けっして、どんな高価なものにも満足できなくなります。

毎回ではなくても子どもの好きな料理を作ったり、いっしょの布団で寝たり、たどたどしい話でもずっと聞いてあげてください。よかったことはうんとほめ、「もう少しこうしたほうがいい」と思うことでも、「うん、うん」とただ聞いてあげてくださ い。好き嫌いがあっても叱らずに、食べたいものだけ食べさせてあげましょう。それで子どもが間違った方向に進むなどということは、絶対にありません。

お互いが深く依存し合える夫婦であるならば、別居婚でも、子どもがなくとも、同性でも、それは健康な関係です。

夫婦とはどうあるべきか。そのこたえはひとつとは限りません。国際結婚もあれば、別居婚もある。うんとふたりの年の差が離れていることもあるでしょうし、近年では同性婚もよく話題になります。夫婦の形に「これが唯一の正解です」というものはありません。

けれど、どんな形にせよ夫婦の関係というのは、恋愛とも少し違い、友情ともまた少し違うものです。

ではどういう関係なのかといえば、夫婦とは基本的には、お互いが非常に深く依存し合う関係といえると思います。単なる愛情を超えて、互いに自分を、そして相手をも同じように大切にし合いながら存在する関係です。

人間は、まったくの孤独のなかで孤立した状態では、けっして健康に生きていくことはできません。だからこそ、たいていの人はパートナーとしてお互いに選んだ人といっしょに住み、お互いを大切にし合う状態のなかで安らいでいたいと願っているのです。

もちろん人は、夫婦間に限らず、友人・知人同士でも、程度の違いはあってもお互いに依存し合って生きています。それでじゅうぶん幸せで、満ち足りている、と感じる人もいると思うのですが、多くの場合はやはり友人・知人との相互依存関係だけでは不十分だ、というふうに感じます。より深く、もっと日常的に、じゅうぶんに相互依存し合える相手を求めます。それが夫婦関係というものだろうと思います。

そこには精神的な依存ももちろん、物理的な依存もあるでしょう。その両方を適度に、相手と自分の状態にあったいろんな形で実現する、というのが「夫婦」という関係です。

だからこそ、夫婦の形はたくさんあるのです。

極端な例をあげれば、サルトルとボーヴォワールのように必要なときにだけ会い、物理的には距離をおくという関係もあります。彼らふたりにとっては、それがもっともよい形で、お互いの創作活動をつづける上でもっともよい関係だったのだと思います。それでもこのふたりは、非常に深いところで精神的な相互依存があったのでしょう。

必要なときに会う、必要なときはいっしょに暮らす、また仕事の都合で別に暮らしたほうがいい時期がきたときはしばらく離れて暮らす。こういう関係というのは、本当にお互いが深く信頼し、相互依存の関係があるからこそできる、といえるでしょう。けれど「相互依存の関係ができている」と思っていても、実は、一方的に都合のいいとき、都合のいいことだけ相手に依存し、相手が自分にのぞんでいる依存には応えていない、という場合、その夫婦関係は崩れてしまうでしょう。

お互いが、相手が信頼し依存するに足る存在であるかどうか、そしてお互いが相手の依存に応えられる存在であるかどうか。そこが夫婦にとって、一番大事なのだろうと思うのです。

お互いがどの部分で相互依存し合うのか、は夫婦によって違います。

精神的依存だけを共有するのであれば、サルトルとボーヴォワールのような関係も保てるでしょうが、一方は精神的依存だけを求め、一方は物理的依存を強く求めている場合は、なかなかしっくりした相互依存の関係をつづけることはできないでしょう。

経済的にどんなに苦しくてもいっしょにいたい、という形で依存し合う夫婦はけっして離れずに住むほうがうまくいくでしょうし、誰よりも信頼し合っているけれどもまったく仕事の種類ややり方は別だ、という場合は週末だけいっしょに住むことがもっともふさわしい形かもしれません。

よく「子はかすがい」と言われますが、子どもがいてもいなくても、夫婦の間に深い相互依存の関係が成立していれば、その夫婦の関係はとても健康なものであると思います。

人を尊敬する気持ち、共感する気持ちがないと、先人の素晴らしいものを受け継ぐことはできない。

かつて小此木啓吾先生の『モラトリアム人間の時代』（1978年）という本がたいへんに話題になり、当時の大学生たちは「モラトリアム世代」などとも呼ばれました。「新人類」と呼ばれた世代と重なっています。

モラトリアムというのは、「猶予」というような意味ですが、この場合は一人前の社会人として働く前に猶予期間を与えられた学生たちのこと、または学生にかぎらずそういう状態をもっとつづけていたいと願う人たちのことをいいました。主に高度成長期に学生運動のさなかにあった学生たちでしたが、この本ではそのことが社会全体の特徴として論じられています。

必ずしも否定的な視点で論じられているものではありませんが、モラトリアムの本質の、もっとも中核的な問題の一つは「当事者にならない」「傍観者であろうとする」という点があげられました。そして同時にもうひとつ、先人の業績を引き継がない、引き継ぐことをよしとしない、また伝統の継承を嫌がる、といったことが特徴のひとつとされています。

これも一概に「悪い」といい切れるものではありません（ときには、引き継がないほうがいい伝統も、ありますからね）。

ただ「先人のものは引き継がないほうがいい」「引き継ぐことはよくない」と考える傾向が強くなると、極端な例だと、ひとつも過去を学ばないままにいきなり自分で新しいことをスタートしようとするようになります。そしてそれが一番いいことだ、というふうに思ってしまう。これはよいことではありません。

実はどんなに新しく見えるものも、結局は過去の歴史の上に積み重ねられたものなのです。そうしたものだけが、後世に残るような創造物になっていくのだと思います。そうではないものは、いくら瞬間的に流行《はや》っても、世間でもてはやされても、すぐに消えていってしまう刹那的なものなのではないでしょうか。

流行歌であっても、やがて忘れられてしまうものと、長く歌い継がれるものがあります。名曲と呼ばれるものは、やはりさまざまな形で過去の音楽の歴史を引き継いだ上に創造されたオリジナリティをもっているものです。

先人の仕事、業績を受け継ぐ場合、前提としてどうしても必要なことは、先人を尊敬するということです。つまりそれは共感と同じことです。尊敬という感覚は競争の原理のなかではけっして育ちません。優越感や劣等感の結果として生まれるものではないのです。

地域や家庭で育てられたもののなかにしかない感性というのは、別に音楽や絵画の早期教育をすることで育つものではありません。家庭や学校で、人といっしょに楽しむこと、人が悲しんでいるときいっしょに悲しむこと、人と共感する心を育てることです。

こうしたことがあって、はじめて子どもは尊敬や感謝という感性を獲得します。その感性があってこそ、過去の素晴らしい芸術に共感したり、それを創造した人を尊敬することができる。そして、その尊敬する相手を信頼し、じゅうぶんに依存し、健全な模倣をすることができます。その段階がなければ、次の段階である「自立」「オリジナリティ」は生まれないということなのです。

創造性、オリジナリティは「模倣」から生まれます。子どもに「人の真似をしてはいけない」と教える必要はありません。

子どもの創造力を育みたい、オリジナリティを育てたい、クリエイティビティをもたせたい、とよくあちこちでいわれます。お手本などにとらわれず、好きなように自由気ままに絵を描いたり、思うまま体を動かして踊ったり歌ったりということが、大変良いことだといわれます。そうしたことが、子どもの創造力をも育てることにつながる、と。

あれこれ制約せず、子どもがのぞむままに、思い切りこうした遊びのようなことをさせるのは、それを子ども自身が楽しんでいるかぎり、とても良いことだと思います。ただ、そうしたことが必ず「創造性」につながるかといえば、そういうものでもないと思います。

考古学者で國學院大學の名誉教授でいらした故・樋口清之先生は「創造は模倣から始まる」とおっしゃいました。言い回しは違っても、古今東西、多くの人々がこれと同じことを説いています。

まったくその通りだと思います。すべての芸術は、動植物や自然のなかの美を模倣するところから始まったのだ、と言われることもありますね。

身近な例で言うならば、ブラームスの交響曲第1番は、そっくりそのままベートーヴェンの真似だともいわれます。ベートーヴェンの手法をお手本にして作ったシンフォニーです。けれど、だからといってブラームスの1番が「ダメだ」などという人はいません。ベートーヴェンの交響曲第10番といってもいいほどの価値があり、そしてブラームスは2番、3番、と自らのオリジナリティを開花させていったのです。

画家を目指して美術大学に入学すると、必ず優れた古典的な名作の模写を課せられるといいます。どちらが本物かわからないほどに忠実に模倣することができて、はじめてオリジナリティ、自分自身の創造性を発揮することができるということです。

まず先人の築いてきた業績、作品を真似ることで深く知り、技術を学ぶのです。創造性のある作業の背景には、必ずこうした模倣があります。

自閉症の子どもには、創造力、創造性を持つことが非常に難しく、日課や習慣になっていること以外のことをすると大変怯え、不安を感じます。創造性がもてないということは、模倣ができないためなのです。自閉症の人は何かを真似ることが大変苦手です。そのために、創造性が育まれにくいということになります。

「真似ること」というのは、実はとても大切なことなのです。クリエイティビティを育てるためには「自分だけのものをつくりましょう」「人の真似をしてはいけません」という必要なんかないのです。

音楽にせよ、絵画にせよ、過去の優れた名作に触れる機会を用意してあげられたら、それもいいと思います。乳幼児をコンサートや美術展に無理に連れていく必要はありません。図書館で時々いっしょに画集を見たり、家で親が持っているCDの音楽を聴いたり。子どもがそれを気に入って真似しようとしたときは、大いによろこんでほめてあげてください。

小さいころマンガが大好きで、好きなマンガをガラス窓にあて、画用紙を透かして写したり、そっくり真似して描いたりしているうち、本当に有名な漫画家になる人もいます。私はあまりマンガはわからないし、音楽の分野だとロックもよくわからないのですが、感性というのは人それぞれです。

どんな分野でも優れたものを見て、それを真似することから、創造は始まります。そこで初めてオリジナル作品が生まれるのですから、子どもにはどんどん「真似」をさせてあげてください。

自主性と主体性をもっているからこそ、模倣することもできるし、創造性を発揮していくこともできるのです。

創造性には必ず、自主性、主体性と呼ばれるものが必要になってきますから、それらが損なわれないでいなければなりません。

自主性、主体性が損なわれないという前提がないと、創造性はけっして生まれてきません。実際には、自主性がない人には模倣性も出てこないのです。

自主性が育つためにどうしても必要なのは、自分に自信をもつことです。自信があってはじめて自主性が育ちます。そして、その自信がどうして育まれるかといえば、自分が自立する以前の幼いころ、精神機能が未分化のときに、どれだけ自分の欲求が周囲の人によって満たされたかによって大きく左右されるのです。

子どもはじゅうぶんな依存体験をすると、自分をもち、自分の存在に誇りを抱くことができるようになります。そして同時に、仲間や、すぐれた人たちに対して共感し、感謝の感情を感じやすくなり、安心して人を尊敬し信頼することができるようになります。だから、「これはすばらしい」と思うものを模倣することができます。

自らの自主性によって、すばらしいと感じたものをまず模倣し、その後、子どもの自主性や主体性は、オリジナルなものを創造しようとする創造性に向いていくのです。そしてさらに豊かな感性が、磨かれていきます。

できあがったものに対して、思い上がった優越感ではなく、非常に健全な誇りをもつことができます。

創造力が育つ、子どもが育つということの基盤は、子どものなかに人を信じる力を育てるということなのです。人を信じる力は、感謝や尊敬の感情に直結するものでしょう。そのことが自分を信じる創造性につながっていきます。

このプロセスをわかってもらえると、子どもを育てることは非常に楽しくなると思います。子どもがみな天才というわけではありませんが、それでもその子の持っている力をしっかり引き出してやることができます。

そのためには、どれくらい子どもに依存させてあげるか、安心させてやれるか。それが、これからの創造的な生き方にずっとつながっていくのです。

人からものを学べない人、真似ることができない人が創造性をもつことはできません。

自主性、主体性、自信、豊かな感性、感謝する心、共感できる力、尊敬する気持ち、創造性。育ててあげたいものが、あまりにもたくさんあるように思うかもしれませんが、それらはすべてつながったものです。英才教育だけで美術やスポーツの能力を育てることはけっしてできませんし、「尊敬心」だけを教えることもできない。

すべてを健全に育てるためには、小さなときにじゅうぶんに親に依存する経験を与えてやることが前提なのです。

親がしてやりたいことではなく、子どもがのぞむことをできるかぎり叶えてやることです。子どもを心から安心させてあげること。

それが結果として、子どもの自主性、主体性、豊かな感性、そして創造性の源泉になります。

小学校の休み時間と放課後は、人生で一番大切なものを学ぶ貴重な時間です。

幼稚園や保育園、そして学校の先生の役割というのは時代によって少しずつ求められるものが変わっていきます。

今日、保育や教育に携わる方々に、私が一番求めたいのは、学力の落ちこぼれではなく、「休み時間のおちこぼれ」をなくしてほしい、ということです。仲間と自由に楽しくコミュニケーションをとるということは人間にとってもっとも原則的で大切なことで、それがない状態でどんな課題を与えても勉強を教えても、それはとってつけたような実体のないものになってしまうと思うのです。

学校生活のなかで、休み時間と放課後というのは、ある意味、授業時間以上に大切なものだと思っています。

特に今の子どもたちにとっては、ひと昔以上に大切な時間です。昔の子どもたちは、休み時間と放課後が楽しくて楽しくてしかたなかった。5分休みだろうが、10分休みだろうが校庭に飛び出し、くたくたになるまで一生懸命に遊ぶことに精を出すことができました。だから心身ともに健康だったんだなあ、と思うのです。

現代の子どもたちは、昔ほど休み時間や放課後を仲間といっしょに楽しんでいないように見えます。返してもらったテストの点数が悪かったことや、先生に忘れ物を注意されたことも、ちょっと風邪気味なことなんかも、とりあえずはすっかり忘れて校庭に飛び出すことが本当は一番の薬になるはずですが、それがなかなかできない。放課後はいろいろ習い事や塾でそれぞれ忙しいのかもしれません。昼休みも、なかなか最近の子どもたちは「つぎはあれをやろう、これをやろう」と仲間と工夫して新しい遊びを考えだしたり、熱中したりすることが少なくなったようです。

保育者や教育者は、もっと休み時間や放課後の意義をしっかり知らなければならないと思います。かつて、子どもたちは自らこの時間に学び合いました。

「学び合う」能力も持っていました。

学校だけではなく地域や家庭にもそうした土壌があった。だから、昔の先生は、休み時間や放課後なんか、子どもにまかせて放っておいて、勉強だけ教えていればよかったのです。

しかし、地域や家庭のなかに「子供同士が学び合う」という土壌がなくなっている今、学校の休み時間や放課後は、勉強よりも人間としてもっと大切な感性や感情を育てるための、貴重な時間になっているということなのです。

昔ならきれいな空気、きれいな水と同じように、「楽しくて健康な休み時間と放課後」など、ごくごくあたりまえのことでした。けれど、空気と水と同じように、それは努力して大切にしなければ手に入らないものになってきています。

大人たちは、休み時間と放課後がどれだけ子どもたちに大事なものなのかを、ぜひもう一度深く意識してほしいと思います。

いじめの問題を解決していくヒントも、休み時間と放課後のなかにあるはずです。

放課後は子どもたちもそれぞれ習い事や塾でいそがしく、かといって学内の遊びは安全管理が気になる、などなかなか「休み時間」「放課後」を思い切り楽しませるというのも簡単ではないかもしれません。

けれど、どんな短い時間でも、遊具があろうがなかろうが、遊び場が室内しかなかろうが、現代っ子も潜在的には「遊ぶ能力」「学び合う能力」を持っています。それを少しずつ引き出し、伸ばしてやっていってほしいと思うのです。

あまり手を出しすぎず、いろいろなものを用意しすぎず、心配しすぎず、少し離れて見守りながら、彼らの成長をじっと待ってあげてください。

自分が他人にどう見られているのか、必死で探るのが思春期です。ずっと鏡を見ているのも、恋愛に夢中になるのも、必要なことなのです。

思春期の子どもはむずかしい、と思われる人が多いと思いますが、心配しすぎる前に、「思春期」というのは人間の発達のなかでどんな段階なのかということを知っておいてください。

思春期になると性的な衝動が高まり、身体も大きな変化と成長を遂げます。精神的にも大きな変動がある。それまでは潜在的だった性に関する意識が反作用・カウンターリアクションとして強い反応を示し激動するのです。

大きな成長を遂げる時期には、幼児期と同様、大きな反抗期がやってきます。思春期の反抗は、反抗期の総仕上げのようなものですから、一番大事で、かつ大きなものになります。うっかりすると親もそこに巻き込まれますから、できるかぎり親は気持ちに余裕をもって、対処したいものです。まずは反抗期が来たら「やっときたな」とよろこんであげるくらいでちょうどいい。子どもも、自分のなかで起きている精神的な脱皮や改造に直面し、ある意味、どうしていいのかわからずに苦しんでいる時期なのです。

子どもはまず、幼稚園から小学校のころ、仲間と共同作業をすることで周囲、集団、社会のなかでの自分の「位置」や「役割」を認識するようになりますが、それが社会に出ていくための最初の準備です。それを終えて思春期に入ると同時に、社会における役割を念頭に置いた上で、自分を少しずつ客観的に見るようになっていきます。社会、すなわち周囲の人々のなかで自分の存在の意味、適性を模索しはじめるのです。それはつまり「周囲の仲間たちや他人に、自分はどう見えているだろうか」という感覚の蓄積です。

「自分を見つめるのが大事」とよくいいますが、別に鏡を見ても自分の内面の実体は見えません。自分を見つめるためには他人の視線が必要です。他人にどう見られているか、どう評価されているかを察知して、そこから自分の個性、適性、能力などを認識していく、ということが「自分を見つめる」ことです。

だからこそ、思春期の若者は、他人の目、とくに仲間の目を非常に気にします。友人の評価をなにより大切にする。もちろん服装、容姿についても同じです。着ているものを友だちがどう思いどう反応するか、髪型についてどう思うか、それは非常に大切で、それを自己同一性の要素として少しずつ受け入れていくのです。

なるほど、自分は社会のなかでこういう個性、能力、適性があるらしい、と自覚することで、その後の進路や生き方も決まっていくわけです。

しかし、思春期に、常識的な価値観のなかでじゅうぶんな評価、好意的な反応を得られないと、この「自己像」は形成できません。家族や、学校の友人、地域の人たち、教師たちといった人たちから、承認や評価を得られない場合です。成績が悪くても、スポーツが苦手でも、容姿が抜群というわけではなくても、そんなことでバカにされたりすることなく、周囲がそれ以外の良さも見出し、正当に人間性のよい部分などを評価してくれていれば、その子はきちんと自分なりの自己像、自己同一性を社会のなかで確立できます。

しかし、それがない場合は、子どもは強い不安を感じ、情緒が不安定になります。その不安から逃れるために、同じような不安定さをもった仲間があつまるグループで群れようとする。ときにはそれが暴走族のようなグループだったりします。

中学生が、朝1時間もかけて髪の毛を気にしたり、出かける前にとっかえひっかえ服を着替えていても、それはまったく普通のことです。

ときには、心配になるほど勉強ばかりしはじめる、という子もいます。どちらにしても、彼らは必死になって、どう評価されるかを知ろうとし、評価してほしい人に評価されないときにはどうすればいいのか、と考えているのです。評価してほしいと思っている相手が、学校の先生、男女問わずの友人ならば自然なことなのです。

この時期の恋愛もまた、性的なものというよりは、実は「相手の異性に自分がどう思われているのか」を集中的に確認したがる発達上の儀式のようなもので、恋愛のために恋愛をしている、ともいえるのです。

恋愛というのは、自分を愛する感情のこと。大失恋といっても、宝石をなくした程度のことです。

思春期になると誰もが恋をします。恋に憧れるだけのこともあるかもしれませんが、多かれ少なかれ「これが恋だ！」「これが愛に違いない」という相手を見出します。

もちろん恋愛は思春期の少年少女だけが経験するものではありません。70歳になっても、80歳になっても、恋愛感情をもつことはなにも不自然なことではありません。

ただ若いときの恋愛というのは、その人のなかでとても大きな事件で、それが破れてしまったときには、死んでしまいたい、相手を殺してしまいたいというほどに思い悩むことも少なくないのです。ときにはそれを本当に実行してしまう、ということも起きます。

愛情というのは、本来は自分や他人を傷つけるようなものではないはずなのに、なぜそんなことが起きるのかといえば、「恋愛」が相手に対する愛情ではなく、自己愛でもあるからだと思います。

恋愛のさなかにいるときは、誰でも相手のことがとても好きで、とても大事で、「いつもあの人のことを考えている」「私はあの人を深く愛している」と思うのですが、実はこれは間違っています。「恋愛」というのは、相手を大事に思っていることは間違いないのですが、それは宝石を大事に思うのと同じようなものです。宝石のことをいつも考えているけれど、宝石の幸せを願っているわけではないし、宝石を思いやっているわけではない。つまり大好きなものに憧れ、所有したい、という「自己愛」なのです。

本当の愛情というのは、心から相手の幸せを願う心です。

しかし、恋愛の相手が「ごめん、君よりも好きな人ができてしまった」と言ったら、相手の幸せを考え「それはよかった」などといってあげることはできないでしょう。自己愛ではなく、相手に対する愛情であったなら、自分が選ばれなくても相手の選択を祝福してあげることができるはずなのです。恋愛の相手に「裏切られた」と感じた場合、「愛」と思っていた感情は悲しみ、苦しみ、怒りとなり、敵意や、ときには殺意にまで変わることがあるのです。

恋愛なんかしてはいけません、といっているのではありませんよ。ただ恋愛とは「自己愛なのだ」ということを知っていてほしいと思うのです。恋愛は「心底から相手の幸せを願う」ものではなく、実は「自分の幸せを願う感情」であり、「所有欲」です。

失恋すると誰でも大きなショックを感じますが、それはたいへん高価な宝石を失ったようなものです。大好きだった人に失恋することは、ダイヤモンドをなくしたぐらいのショックですよね。でも、実は「それだけのこと」です。ダイヤモンドは「モノ」にすぎません。似たようなダイヤモンド、あるいはもっと高価なダイヤモンドは必ずほかにもあるのです。ちょっと時間がたつと、ダイヤモンドよりエメラルドやルビーがほしくなるかもしれませんよ。逃がした魚は大きいというけれど、もっと大きい魚はいくらでもいます。

「そんな冷めた気持ちで恋愛なんてできない」と思うかもしれないけれど、でも、そのくらいに考えておいてちょうどいいと思いますよ。

恋愛は楽しいものです。お互いに利己的な愛情を抱いて、それがうまく噛み合っているときは本当に幸せな気分になれるでしょう。

しかも、恋愛には自己愛、所有欲、さらに性衝動という本能的なものが関わりますから「理屈」だけでは、整理がつかないこともたくさんあるでしょう。けれど、だからこそ「恋愛は自分への愛にすぎない」ことを、頭のなかにとどめておいてください。

失恋は自分への愛が傷つけられることですから辛くて苦しい。でも「大きな魚に逃げられた」という以上のものではないのですから、自殺しようとか人を殺《あや》めようなんてことは、間違っても考えないでくださいね。

乳幼児期にやり忘れたから「手遅れ」などということはありません。何歳からでもやり直すことはできますし、また、そうしなければなりません。

人に対する信頼感と、自分に対する誇りや自信といった感性は、なるべく早いうちに育まれたほうがいいに決まっています。

けれども、もしそれができなかったとしても、人間というのは何歳になってからでも、必要なものはやり直しも学習もできると思います。育児の乳幼児期にしておかなければならなかったことが不十分で、学童期や思春期、あるいはそれ以降にやり直しをしなければならないとしたら、迷わずにそうすることが大切です。

やり直す時期ややり方にもよりますが、成果に個人差はあります。乳幼児とまったく同じものを与えられるとは言い切れません。それでも、私はやり直しはじゅうぶんに可能だろうと思っています。

乳幼児期にやり忘れたことをやり直そうとする場合、その原則は何歳になっている人にも乳幼児期のようにやることです。

絶対的な、じゅうぶんな依存経験は子どもの成長にとって必須のものですが、それが乳幼児期に足りなかったのならば、学童期になってからでも思春期になってからでも、与え直してあげなければならないということだと思います。

不登校になった子どもや、拒食症の若者には、そうしたことが少なからずあります。非行や犯罪に走る若者にも、同じようなことを感じさせられます。

また、ボーダーラインパーソナリティ（境界性パーソナリティ障害）といわれる青年の場合も、ときに乳幼児期からやり直さなくてはならないという場合があります。

青年になってからでは完全にやり直すことはむずかしいとしても、やはりやり直しは可能だと思っています。

実際の臨床経験からすれば、年齢が大きくなるほど、やり直しても不十分なことがあるのは事実ですが、こちらがそういう意図をもたなくても子ども自身が、あるいは青年自身が自分でやり直しをしようとすることもあります。

以前、T医大病院でみていた男の子の例ですが、その子は小学校四年で、言語の能力はあるのに言葉が出ない「緘黙《かんもく》」といわれる状態でした。カウンセリングの途上、その子は本当に赤ちゃんのように「おぎゃあ、おぎゃあ」と泣きました。本当に赤ちゃんの声と区別のつかない声でした。なんの練習もしないで、なぜあんな見事な声が出せるのか、と思ったほど赤ちゃんそのものの声でした。そして、はじめて発した言葉は「婦長さんのお腹に入りたい」でした。この子は自分で胎生期からのやり直し、育ち直しをしたのだと思います。彼はその後、日本一偏差値が高い国立大学に入学しました。

これはT医大病院でもいまだに語りぐさです。私はいままでにこういうケースを何人も見てきました。

登校拒否や学習障害などの子どもたちのためのフリースクールを訪問すると、小学校中学年～中学生になっても、幼児期のようにのびのびと遊べるフリーな時間を与えていることが多いです。そこで学ぶ子どもたちを見ていると、彼らは自分自身で、そうした時間を過ごすことでやり直しをしようとしているようでした。

中学生たちは、本来ならば小学校低学年で経験するような遊びを自由時間に仲間たちと楽しんでいました。スクールの大人たちの応援を受けながらそうすることで、彼らはやり残してきたことを、自分たちでやり直しているのです。

そして、本格的な自立へのスタートをきっていくのだろうと私は思います。

育児のやり直しはいつからでも可能だし、そうしなければならないように思います。

おわりに

子どもを産み、育てるという行為ほど、人間的で創造的な活動を、私はほかにまったく知りません。
児童精神科医としての長い歳月は、私をとても幸福にしてくれました。子どもたちの心と体に寄り添い、成長を見送る日々は、私にいつも素晴らしいことを教えてくれました。私に多くを教えてくれた多くの子どもたちに、心から感謝します。

子どもの言うことを、じゅうぶんに聞いてください。
子どものぞむことを、惜しみなく与えてください。

それだけで、子どもの心は育ちます。

子どもたちの心を、豊かに、大きく、あたたかく育てていくことが、子どもたちの未来を育てることになるのです。

子どもたちをやさしく、大切に育てることを、どうか忘れないでください。

本書はまた、画家の岡田千晶さん、装幀家の西村真紀子さん、河出書房新社編集部の千美朝さん、ライターの小幡恵さんの大きな励ましやご協力によってできたことを、記して感謝申し上げます。

二〇一六年　六月

佐々木正美

本書は1989年3月刊『子どもの心を育てる本』、
および1994年5月刊『佐々木正美の人 愛 こころ』
（ともに神奈川県児童医療福祉財団発行）を一部再編集した後、
大幅に加筆修正し、書き下ろしを加えた。

佐々木正美　ささき・まさみ

児童精神科医。1935年、群馬県生まれ。新潟大学医学部卒業。ブリティッシュ・コロンビア大学児童精神科、東京大学精神科、小児療育相談センター、川崎医療福祉大学などで子どもの精神医療に従事。専門は児童青年精神医学、ライフサイクル精神保健、自閉症治療教育プログラム「TEACCH」研究。糸賀一雄記念賞、保健文化賞、朝日社会福祉賞、エリック・ショプラー生涯業績賞などを受賞。『子どもへのまなざし（正・続・完）』（福音館書店）、『TEACCHプログラムによる日本の自閉症療育』（学研教育出版）、『あなたは人生に感謝ができますか?』（講談社）、『どうか忘れないでください、子どものことを。』（ポプラ社）など、育児、障害児療育に関する著書多数。

子どもの心の育てかた

2016年7月30日初版発行
2018年7月20日19刷発行

著者　佐々木正美
装画・挿絵　岡田千晶
ブックデザイン　アルビレオ（西村真紀子）
発行者　小野寺優
発行所　株式会社河出書房新社
〒151-0051 東京都渋谷区千駄ヶ谷2-32-2
電話　03-3404-1201（営業）
03-3404-8611（編集）
http://www.kawade.co.jp/

組版　KAWADE DTP WORKS
印刷　図書印刷株式会社
製本　図書印刷株式会社

Printed in Japan　ISBN 978-4-309-24766-3